Veronika Elisabeth Schmitt

Kontemplative Exerzitien mit Teresa von Avila und Johannes vom Kreuz

PNEUMA VERLAG

Veronika Elisabeth Schmitt

Kontemplative Exerzitien
mit Teresa von Avila und Johannes vom Kreuz

Herausgegeben vom
Institut zur Förderung der Glaubenslehre (Stiftung)

Umschlagbilder: Kohlezeichnungen von Sr. Teresa Himmelsbach OCD

Bibliographische Information Der Deutschen Bibliothek

Die Deutsche Bibliothek verzeichnet diese Publikation in der Deutschen Nationalbibliographie; detaillierte bibliographische Daten sind im Internet über http://dnb.ddb.de abrufbar.

Hergestellt in Deutschland – Printed in Germany
Druck: Koprowscy

ISBN 978-3-942013-02-4

www.pneuma-verlag.de

Inhalt

Einleitung

Diese Exerzitien sind als Einzelexerzitien für Menschen gedacht, die ihren geistlichen Weg vertiefen wollen. Sie möchten zur Kontemplation wie Teresa von Avila und Johannes vom Kreuz sie verstanden haben, hinführen, bzw. eine Orientierung geben. Kontemplation ist unverfügbar, reines Geschenk, Gnade. Es gibt aber Möglichkeiten, sich dafür zu disponieren durch bestimmte Übungen, d.h. Exerzitien. Sie sind als ein Übungsweg zu verstehen, der sich über individuell verschiedene Zeiträume erstrecken und das ganze Leben umfassen kann. Die angebotenen Texte und Impulse können schnell oder langsam durchlaufen werden. Sie dienen als „Begleiter" auf dem geistlichen Weg.

Der Begriff der Kontemplation meint hier im Sinne Teresas und Johannes vom Kreuz jenes Gebet, bei dem der Mensch rezeptiv die Erfahrung des Wirkens Gottes macht. Meditation bedeutet bei ihnen noch jenes Gebet, bei dem der Mensch aktiver mit seinem Denken und seiner Vorstellungskraft tätig ist. Im Folgenden wird der Begriff der Meditation anders gebraucht, und zwar so, wie er heute durch die östliche Meditationsbewegung geläufig wurde als Bezeichnung für die Schweige-Meditation.

Teresa von Avila (1515-1582) und Johannes vom Kreuz (1542-1591) gehören zu den bedeutendsten christlichen Mystikern. Teresa hat als Reformerin des Karmel-Ordens Johannes vom Kreuz als Mitarbeiter der Reform gewonnen. Sie hat zusammen mit ihm den reformierten Zweig des Ordens gegründet. Bei ihrer Reform ging es nicht wie bei den damaligen Reformbewegungen im Spanien des 16.Jahrhunderts um besondere äußere Strenge, sondern um die innere Haltung der Erneuerung aus dem Geist echter Humanität und tiefer Spiritualität.

Ihre Schriften sind bis heute Wegweiser für suchende Menschen auf dem Weg zu Gott. Beide haben eine Gebetslehre, die auf eigenen Erfahrungen gründet, dargelegt, nicht aber eine regelrechte Gebetsmethode. Daher geht es auch bei diesen Exerzitien nicht um eine feste Methode, sondern anhand der Ausführungen von Teresa und Johannes wird der Weg zur Kontemplation und der Weg der Kontemplation aufgeführt.

Die Texte wurden den Sämtlichen Werken der Teresa von Avila und des Johannes vom Kreuz entnommen, wie sie in der vollständigen Neuübersetzung im Verlag Herder herausgekommen sind. Eine Ausnahme bilden die drei Werke der Teresa von Avila: Die innere Burg, Diogenes Verlag Zürich, 1979, Weg der Vollkommenheit (Fassung von Valladolid, Die Fassung vom Escorial ist in der Herder Ausgabe benutzt.) im Johannes Verlag Leutesdorf, 1992, Klostergründungen, Verlag Christliche Innerlichkeit, Wien 1998. Alle diese Werke können als Begleitlektüre für den Übungsweg angesehen werden.

I. GRUNDLAGEN

1. Kontemplation bei Teresa von Avila und Johannes vom Kreuz

Johannes vom Kreuz versteht unter Kontemplation ein friedvolles, liebevolles Einströmen Gottes in die Seele (vgl. Johannes vom Kreuz, Die Dunkle Nacht, Freiburg 1995, I 10,6, S.71). Teresa von Avila hebt die Kontemplation vom mündlichen (vocal) Gebet und vom nachsinnend inneren (mental) Beten ab: *„Bei diesen beiden Formen bringen wir mit Gottes Hilfe etwas fertig, in der Kontemplation, von der ich soeben sprach, aber nichts; da ist Gott derjenige, der alles tut, denn sie ist sein Werk, über unsere Natur hinausgehend" (Teresa von Avila , Weg der Vollkommenheit, Herder Verlag Freiburg, 2003, 41,3, S.223).*

Den Menschen empfänglich zu machen für das Wirken Gottes in ihm, ist Sinn der geistlichen Übungen. Das Ziel des Weges ist die Gotteinung, die immer schon im Innersten der Seele da ist. Jesus spricht davon, dass das Reich Gottes in uns ist (vgl. Lk.17, 21. *„Die Mitte der Seele ist Gott" (Johannes vom Kreuz, Die lebendige Liebesflamme, Freiburg 2000, 1,12, S.58),* sagt Johannes vom Kreuz. Dies muss der Mensch aber erst entdecken und dieser Wirklichkeit in sich Raum geben. Dabei ist das Lassen, das Loslassen von allem, wichtiger als alles Tun.

Zu Beginn des geistlichen Weges geht es darum, sich klar zu werden, wer man selber ist und wer der ist, mit dem man in eine bewusste Beziehung eintritt. Glaube und Gebet sind ein Beziehungsgeschehen zwischen Gott und dem Menschen. Teresa spricht von Gott als dem Freund, mit dem der Mensch in eine freundschaftliche Beziehung eintreten kann. Das innere Gebet ist für sie ein freundschaftliches Umgehen mit Gott als einem Du. Das

Beziehungsgeschehen in Liebe, Hingabe und Vertrauen Gott gegenüber ist das Umfassende und Tragende, die Kontemplation ist eine mögliche Ausdrucksform dieser Beziehung, aber nicht die einzige. Es geht nicht um die Kontemplation um ihrer selbst willen. Deshalb haben auch bestimmte Gebets- oder Versenkungsmethoden immer nur einen untergeordneten Wert. Sie stehen im Dienst der Hingabe des Menschen an Gott.

Wenn der Mensch den Weg der Kontemplation geht, vertieft und verfeinert sich sein Bewusstsein mehr und mehr. Immer wacher und intensiver vermag er die Gegenwart Gottes in sich wahrzunehmen und für sie transparent zu werden. Das Bewusstwerden der Gegenwart Gottes, die Erfahrung sei-ner Präsenz, bildet den Kern der Mystik. Außergewöhnliche Phänomene wie Visionen oder Auditionen sind lediglich Begleiterscheinungen. Die klassische Definition für Mystik lautet: Cognitio Dei experimentalis, das Wissen um Gott aus der Erfahrung. Es geht dabei um eine Erkenntnis Gottes aus der immer tiefer werdenden Einheit mit ihm, die nur durch die Erfahrung, nicht aber durch den Verstand gewonnen wird.

Die Gotteserkenntnis bewirkt im Menschen eine verstärkte Selbsterkenntnis. Beide sind wie die zwei Seiten einer Medaille. Sie ermöglichen jene innere Haltung, die für den geistlichen Weg grundlegend ist: die Demut. Teresa versteht darunter ein *„Wandeln in der Wahrheit" (Teresa von Avila, Die innere Burg, Diogenes Verlag Zürich, 1979, VI, 10, S.180).*

Um zur Selbst- und Gotteserkenntnis zu gelangen, ist es notwendig, sich selbst kennen zu lernen, in sein eigenes Inneres, in den Innenraum der Seele zu gehen. Teresa gibt uns dafür eine Verstehenshilfe mit dem Symbol der Seelenburg. Die Seele ist wie eine Burg mit vielen Wohnungen. Die Ringmauer der Burg ist der Körper. Das

Eingangstor in die Innenräume der Seele ist das Gebet. In der innersten Mitte der Burg befindet sich jener Raum, *„wo die tief geheimnisvollen Dinge zwischen Gott und der Seele vor sich gehen" (Teresa von Avila, Die innere Burg, a.a.O., I, 1, S.22), gleichsam ein zweiter Himmel (vgl.ebd.VII, 1, S.189).* Auf einem Weg durch sieben Wohnungen führt Teresa zu dieser Mitte.

Auf dem Weg zu Gott kann der Mensch die Erfahrung machen, dass dieser sich ihm mehr und mehr zu entziehen scheint. Er hat den Eindruck nicht mehr beten zu können. Johannes vom Kreuz erklärt dieses Geschehen als ein mögliches Wirken Gottes am Menschen: *„Gott beginnt, dich von dir selbst zu befreien, indem er dir deine Habe aus den Händen nimmt" (Johannes vom Kreuz, Die Dunkle Nacht, a.a.O., II, 16,7, S.160).* Es gibt Erkennungszeichen für diese Erfahrung als einer Nacht im geistlichen Sinn: Der Mensch hat weder an geistlichen Dingen noch an weltlichen Interesse und Gefallen und er hat eine tiefe, innere Sehnsucht nach Gott. Das bloße Verweilen vor ihm entspricht seinem Seelenzustand.

Durch Nächte muss der Mensch hindurchgehen, die sinnenhafte und die geistige, um ganz verwandelt und empfänglich zu werden für das Wirken Gottes und für die Einung mit ihm. Er wird geläutert von seinen eigenen Gottesvorstellungen, seinen Projektionen und von seinen Vorstellungen über sich selbst. Das bedeutet, dass er sich wandelt, verändert. Es ist ein Wandlungsprozess, in welchem er alles lassen muss und ganz ins Dunkel, ins scheinbare Nichts eintaucht. Je mehr er bereit ist, das zu tun, um so mehr wird er verwandelt, transzendiert er sich selbst, sein eigenes kleines Ich und wird fähig, die Dunkelheit als Licht zu erkennen, das Nichts als das Alles. Er sieht nun mit neuen Augen, mit Augen, die aus der Blickrichtung Gottes schauen. So vermag er Gott in allen Dingen zu erkennen. Die Präsenz Gottes dringt durch sein ganzes Wesen und Sein hindurch. Er ist transparent geworden auf Gott hin, eins mit ihm. Der Weg führt ihn durch ein inneres Sterben des alten Menschen, des kleinen Ich, zur Auferstehung eines neuen Selbst, das geeint ist mit Gott. Tod und Auferstehung Jesu sind ihm auf dieser Reise nach innen Weg und Orientierung. Jesus Christus ist der Meister in ihm, der ihn führt, so dass er nicht in die Irre geht. Teresa ist davon überzeugt, dass nur er in die innerste Wohnung der Burg zu führen vermag: *„Zumindest versichere ich ihnen, dass sie nicht in diese beiden letzten Wohnungen gelangen. Wenn sie nämlich den Führer verlieren, den guten Jesus, so werden sie den Weg nicht finden ..." (Teresa von Avila, Die innere Burg, a.a.O., VI, 7, S.156).*

Der Weg dieser kontemplativen Exerzitien soll durch Texte, Impulse und die Übung der Schweigemeditationen für die Kontemplation disponieren und Orientierungshilfen auf dem Weg geben. Je rezeptiver der Mensch für das Wirken Gottes wird, um so mehr nimmt seine Eigentätigkeit ab. Johannes vom Kreuz lehrt den Weg des Leerwerdens von allem, um durch das Nichts – Nada zur Fülle, zum Todo zu finden. Teresa und Johannes betonen, dass es Gott zukommt, die Tätigkeit des Verstandes aufzuheben (vgl. Teresa von Avila, Innere Burg, a.a.O., S.76 und Johannes vom Kreuz, Aufstieg auf den Berg Karmel, Herder Freiburg, 1999, II, 13, 2, S.189), und dass es von großer Bedeutung ist, nicht zu früh und nicht zu spät die Verstandestätigkeit aufzugeben. Es ist sehr wichtig, selbst zu erspüren, wo sich die eigene Seele befindet. Das Aufgeben des Nachdenkens mit geistlichen Inhalten ist dann angebracht, wenn es für die Seele stimmig ist, wenn sie nicht anders kann. Erzwungen werden sollte nichts, denn die Seele ist immer mit Sanftheit zu führen, nicht mit Gewalt: *„ ... es ist wichtig, die Seele mit Sanftheit (suavidad) zu leiten" (Teresa von Avila, Brief vom 3. Juli 1574 aus Segovia an Don Teotonio de Braganza in Salamanca).*

Bei den folgenden Hinweisen für die Schweige-Meditation findet sich eine konkrete Meditationsanleitung, die zu Beginn der Meditation gesprochen werden kann. Sie soll die Haltung der Öffnung und Empfänglichkeit fördern, ist aber so weit gefasst, dass auch Raum bleibt für eine innere Zwiesprache mit Gott oder eine Vergegenwärtigung.

2. Praktische Hinweise für die Meditation

Die Körperhaltung

Der Weg der Kontemplation ist ein ganzheitlicher Weg. Der ganze Mensch ist dabei eingebunden: sein Leib, seine Seele und sein Geist. Deshalb kommt bei der Meditation auch dem Körper eine wichtige Bedeutung zu und damit auch der Körperhaltung. Von Teresa von Avila wissen wir, dass sie bei der Meditation mit überkreuzten Beinen auf dem Boden saß. Diese Haltung hat sich durch viele Religionen und Kulturen tradiert und bewährt.

Der Bodensitz kann als Fersensitz (man sitzt auf den Fersen) oder als Sattelsitz (ein Kissen oder Bänkchen zwischen Unter- und Oberschenkel) oder als Lotossitz auf einem Kissen (beide Füße liegen auf den Oberschenkeln) oder als halber Lotossitz (nur ein Fuß liegt auf dem Oberschenkel) oder als erleichterter halber Lotossitz (nur ein Fuß liegt auf dem Unterschenkel) = (Hanka) oder als Burmesischer Sitz (beide Füße liegen voreinander auf dem Boden) ausgeführt werden. Es ist auch möglich auf der vorderen Kante eines Stuhles aufrecht zu sitzen, mit oder ohne Abstützung im unteren Wirbelsäulenbereich.

Wichtig ist die aufrechte Haltung beim Sitzen, der Kontakt mit dem Boden und der Atem (Zwerchfellatmung). Der Atem sollte lediglich wahrgenommen, aber nicht verändert werden. Die Hände werden ineinander gelegt (die linke in die rechte) und die Daumen berühren sich leicht. Die Augen sind entweder leicht geöffnet und schauen etwa einen Meter entfernt auf den Boden, ohne etwas zu fixieren oder sind geschlossen.

Für den Sattelsitz kann man sich vom Schreiner ein Bänkchen zuschneiden lassen mit folgenden Maßen: für die Sitzfläche ein Brett 18cm x 53cm, für die Seitenflächen zwei Bretter 16cm x 17cm, beide Bretter werden auf einer Seite auf 15cm (statt 17cm) abgeschrägt, und alle drei Bretter miteinander verleimt oder verschraubt.

Für den Lotossitz kann man sich ein Kissen nähen. Dazu schneidet man zwei Kreise aus einem festen Stoff mit dem Durchmesser von 30cm. Beide Stoffkreise werden mit einem Stoffband verbunden, das 14cm breit und ca.93cm lang ist. Es muss beide Kreise schließen. Zum Schluss wird der Kissenbezug mit Buchweizenspreu oder einem ähnlichen Material locker oder fest gefüllt.

Es ist wichtig, der Meditation eine feste äußere Form zu geben, und sie zu ritualisieren. Wenn möglich, sollte man jeweils denselben Ort und etwa dieselbe Zeit wählen, und einen Gegenstand, der in die Stille und Sammlung führt. Die Dauer der Meditation sollte von anfänglich 5 Minuten auf etwa 20 bis 25 Minuten gesteigert werden. Bei mehreren Meditationseinheiten von 20 Minuten unterbricht man diese mit einem meditativen Gehen. Es erfolgt in einem langsamen Schreiten im Viereck, die linke Hand vor dem Brustbein zu einer lockeren Faust geschlossen und die rechte Hand darauf gelegt, mit leicht angewinkelten Armen. Die Zeit kann mit einem Timer eingestellt werden, um die Aufmerksamkeit nicht auf die Uhr richten zu müssen.

3. Kreatives Gestalten

Geistliche Prozesse sind kreative Prozesse. Deshalb ist es hilfreich, auf dem geistlichen Weg die Kreativität zu wecken und zu fördern. Bei den folgenden Übungen werden in der Phase des inneren Gebetes mehrmals Vorschläge für eine bildhafte Darstellung gemacht. Diese Phase soll für die Kontemplation disponieren. In ihr geht es um die Bewusstmachung eigener Persönlichkeitsanteile und der eigenen Geschichte. Formen, Farben und Symbole können Befindlichkeiten bewusst machen und aussagen, die das Wort nicht fassen kann. Der Bereich der Gefühle und Empfindungen kann hier unmittelbarer zum Ausdruck kommen. Dabei geht es nicht um eine künstlerisch „schöne" Darstellung, sondern, um einen authentischen Ausdruck der augenblick-lichen Befindlichkeit.

Die bildhafte Darstellung kann als Malen mit Buntstiften oder Wachskreiden erfolgen. Wer mit dem Pinsel malen kann, sollte Wasser- oder Aquarell-Farben benutzen. Statt des Malens kann auch eine innere bildhafte Darstellung gewählt werden.

Nach dem Malen sollte das Bild nicht „zensiert" werden nach gut oder schlecht. Es ist empfehlenswert, es erst einmal beiseite zu legen und später nochmals anzuschauen.

Für den geistlichen Weg zur Kontemplation und den Weg der Kontemplation sollte sich jeder täglich eine bestimmte Zeit für die geistlichen Übungen nehmen. Eine Meditationseinheit von 20 Minuten ist besonders geeignet.

Der geistliche Weg ist ganz wesentlich bestimmt vom Engagement des Einzelnen. Es ist notwendig, sich entschlossen für den Weg der Kontemplation zu entscheiden wie Teresa oftmals hervorhebt. Es geht dabei um eine lebendige Beziehung zu Gott, auf die sich der Mensch einlässt. Ohne dieses Fundament besteht die Gefahr, dass das religiöse Leben eine Flucht in eine Sonderwelt wird.

4. Einführungstext in die Meditation

Ich sitze aufrecht auf meinem Kissen, Bänkchen oder Stuhl. Ich habe die Augen leicht geöffnet und richte sie ca. einen Meter vor mir auf den Boden, ohne etwas zu fixieren oder schließe die Augen.

Ich spüre meine Füße, wie sie den Boden berühren und alle Körperteile, die den Boden berühren. Ich spüre in den weiten Raum des Beckens, wo der Atem Raum hat und woraus sich die Kraft zum aufrechten Sitzen entfaltet. Ich gehe mit meinem Bewusstsein in die Wirbelsäule hinauf bis zu den Schultern, bewege sie leicht und lasse sie los und lasse mich in den Schultern los. Ich spüre in meine Oberarme hinein und in meine Unterarme und meine Hände. Ich spüre die Wärme der Berührung. Ich gehe zurück zu meiner Wirbelsäule und komme zu den Halswirbeln. Der Kopf sitzt leicht auf dem Hals, als trüge er eine Vase. Ich löse den Kiefer und die Stirn.

Ich spüre wie mein Atem ganz von selbst kommt und geht und bis in den Beckenraum zu spüren ist, wenn er ruhig wird. Mit dem Atem kann ich ein Wort verbinden, den Jesus-Namen oder ein anderes Wort, das mir besonders wichtig ist. Ich spreche es beim Ausatmen, wenn der Atem zurückfließt, oder beim Einatmen, wenn der Atem aus dem Beckenraum aufsteigt.

Ich richte meine Aufmerksamkeit auf das innerste Zentrum meines Seins. Was immer in der Stille aufsteigt an Gedanken, Gefühlen oder Erinnerungen lasse ich vorüberziehen wie Wolken am Himmel.

Dann bleibe ich mit meiner Aufmerksamkeit ganz in diesem innersten Zentrum meines Seins, nicht mehr vorstellbar, aber im Glauben annehmend, dass Gott, Christus, das Reich Gottes gegenwärtig in mir ist und ich in ihm. Ich gebe dieser Wirklichkeit in mir Raum, lasse mich auf den nicht mehr vorstellbaren Urgrund meines Lebens ein und werde so allmählich transparent auf ihn hin.

Wenn es spontan kommt, führe ich eine Zwiesprache mit Gott, meinem Du, meinem Freund oder ich schaue ihn nur an. Absichtslos überlasse ich mich meinem inneren Impuls.

Nach dem Zeitsignal komme ich langsam aus der Meditation heraus. Ich löse die Hände, öffne die Augen, falls ich sie geschlossen habe und ende mit einer Verneigung.

II. DAS INNERE GEBET

1. Die innere „Seelenburg"

Die äußere, konkrete Welt erscheint uns viel „wirklicher" als die innere. Erst in bestimmten Situationen macht sich diese innere Welt bemerkbar durch seelische Reaktionen wie Freude, Schmerz, Trauer etc. Die „Seele" reicht jedoch noch tiefer und weiter als die Gefühle und Empfindungen und auch weiter als die „Psyche". Sie hat unauslotbare Tiefen, wie uns die Mystiker sagen.

„Wohl verstand ich, dass ich eine Seele hatte; aber was diese Seele wert ist und wer in ihr wohnt, verstand ich nicht, weil mir die Eitelkeiten des Lebens den Blick trübten. Hätte ich damals in der gleichen Tiefe wie heute erkannt, dass in diesem kleinen Palast meiner Seele ein so großer König wohnt, hätte ich ihn meiner Meinung nach nicht so häufig allein gelassen, sondern wäre öfter bei ihm geblieben, und hätte mich mehr darum gesorgt, dass meine Seele nicht so schmutzig sei. Wie wunderbar: Er, der tausend Welten und noch viel mehr mit seiner Größe füllen könnte, schließt sich in eine so kleine Wohnung ein! Wahrhaftig, da er der Herr ist, hat er alle Freiheit, und da er uns liebt, passt er sich unserem Maße an. Eine Seele, die am Anfang steht, gibt er sich nicht gleich zu erkennen, damit sie nicht in Unruhe gerät, wenn sie sieht, wie klein sie ist und welch Großes sie in sich beherbergen darf. Nach und nach weitet er sie, damit sie aufnehmen kann, was er in sie hineinlegen will." (Teresa von Avila, Weg der Vollkommenheit, Johannes Verlag Leutesdorf, 1979, 28,11, S.143).

„Wie ich heute unseren Herrn anflehte, er möge durch mich reden ... – da bot sich mir dar, was ich nunmehr sagen und als Fundament gebrauchen möchte: nämlich unsere Seele als eine Burg zu betrachten, die ganz aus einem Diamant oder einem

sehr klaren Kristall besteht und in der es viele Gemächer gibt, gleichwie im Himmel viele Wohnungen sind ... Ich finde nichts, mit dem sich die große Schönheit einer Seele, ihre Weite und ihre hohe Befähigung vergleichen ließe ... Denken wir uns also, dass diese Burg ... viele Wohnungen hat, von denen einige oben gelegen sind, andere unten und wieder andere seitwärts, und dass sie ganz innen, in der Mitte all dieser Wohnungen, die allerwichtigste birgt, jene, wo die tief geheimnisvollen Dinge zwischen Gott und der Seele vor sich gehen" (Teresa von Avila, Die innere Burg, Diogenes Verlag Zürich 1979, I,1, S.21/22).

Vielleicht möchten Sie diese Burg malen in einer ganz einfachen Skizze oder sich innerlich vorstellen. Entdecken Sie Ihre eigene Seelenburg.

„Sehr wichtig für jede Seele, die sich - viel oder wenig – dem Gebet widmet, ist es, dass man sie nicht in einen Winkel pfercht oder einengt. Man lasse sie durch all diese Wohnungen wandeln, aufwärts und abwärts und nach den Seiten hin" (Teresa von Avila, Die innere Burg, a.a.O., I, 2, S.30).

2. Das Tor zur Seelenburg ist das Gebet.

Schauen Sie sich Ihre „Seelenburg" an.
Gibt es einen Zugang zu Ihrer inneren Burg, ein Tor? Wodurch gelangen Sie in Ihre Seele?

Vielleicht malen Sie in Ihr Bild ein Tor als Zugang in die Räume Ihrer Seele. Wo befindet es sich und was ist dieses Tor?

Teresa sagt, dass man in die Seele hineingehen muss:
„Doch kehren wir zu unserer schönen, beglückenden Burg zurück, und schauen wir, wie wir hineingelangen können. Es scheint, als sagte ich einen Unsinn; denn wenn diese Burg die Seele ist, so ist doch klar, dass man nicht hineingehen muss, da man ja selbst die Burg ist. Genauso närrisch erschiene es, wenn

man jemandem sagte, er möge in ein Zimmer gehen, in dem er sich bereits befindet. Doch ihr müsst verstehen, dass zwischen Darinnensein und Darinnensein ein großer Unterschied besteht. Es gibt viele Seelen, die sich im Wehrgang der Burg aufhalten – also dort, wo die Wachen stehen – und denen nichts daran gelegen ist, ihre inneren Anlagen zu betreten. Sie wissen nicht, was an diesem wundervollen Ort zu finden ist, noch wer darin weilt, ja nicht einmal, was für Gemächer die Burg umschließt" (Teresa von Avila, Die innere Burg. A.a.O., I,1, S.23/24).

„Nach meiner Erfahrung sind das Gebet und die Andacht das Tor, durch das man die Burg betreten kann. Damit meine ich das mündliche Gebet nicht minder als das Gebet im Geiste" (ebd. S.24).

3. Das Gebet ist Beziehung zu Gott

Gebet ist Beziehung, lebendige Beziehung zu einem Du. Beziehung gründet auf Vertrauen. Sie ist möglich, wo Offenheit füreinander da ist, wo man dem anderen Raum des Sein-Dürfens gewährt, des So-seins wie er ist. Beziehung zu Gott meint, ganz ich selber sein in meiner Offenheit für Gott in seinem ganz Nahe- und ganz Anderssein. Teresa sagt, dass beten nicht viel denken, sondern viel lieben bedeutet (vgl. Teresa von Avila, Die innere Burg, 4,1, S.62).

Teresa geht mit Gott wie mit einem besten Freund um. *„Ich kann mit ihm umgehen wie mit einem Freund, obwohl er doch Herr ist. Denn ich erkenne, dass er nicht ist wie die, die wir hier als Herren haben ..." (Teresa von Avila, Das Buch meines Lebens, a.a.O., 37,5, S.554).* Sie spricht mit ihm, freut sich mit ihm, beklagt sich manchmal und versteht es auch, humorvoll mit ihm zu sein. Folgende Geschichte wird von ihrer Gründungsreise nach Burgos erzählt. Als sie zusammen mit sieben Schwestern, Pater Gracian, Pater Petrus und einem Laienbruder die vom Regen überschwemmte Schiffsbrücke bei Burgos befahren wollte, neigte sich der Wagen mit den Schwestern zum Umfallen. Ein Wagenführer sprang herbei und rettete sie. Daraufhin soll sich Teresa bei ihrem Herrn beklagt haben: *„Nach so viel Leiden willst du auch dies noch Herr! Worauf der Herr ihr antwortete: Teresa, so behandle ich meine Freunde! Und sie dagegen: O mein Gott! Darum hast du ihrer so wenige!" (Opere di S. Teresa, Ed. ital. Roma, 1949, S.1220, Anmerkung 2, in Christliche Innerlichkeit, 2. Jg. Sep./Okt. 1966, S.22).*

Gibt es in Ihrem Leben eine Beziehung zu Gott? Wie sieht sie aus? Vielleicht versuchen Sie, mit Formen, Farben und Symbolen diese Beziehung in einem Bild darzustellen.

4. Das innere Gebet

Gebet ist Beziehung zu Gott. Wird der Mensch sich dieser Beziehung bewusst und lebt er sie, dann spricht Teresa vom inneren Gebet (mental). Inneres Gebet ist ein freundschaftlicher Umgang mit Gott, was sich vom Gespräch mit ihm bis zum bloßen Verweilen beim Freund erstrecken kann. Hingabe an das Du bestimmt die Freundschaft.

„Denn meiner Meinung nach ist inneres Beten (oracion mental) nichts anderes als Verweilen beim Freund (tratar de amistad), mit dem wir oft allein zusammenkommen, einfach um bei ihm zu sein, weil wir sicher wissen, dass er uns liebt" (Teresa von Avila, Das Buch meines Lebens, a.a.O., 8,5, S.156/157).

Diese freundschaftliche, liebende Beziehung zu Gott trägt und umfängt jedes Gebet, sei es das mündliche, das innere oder die Kontemplation. Sie ist das Fundament des geistlichen Lebens. Im inneren Gebet wird dem Menschen bewusst, dass er in dieser Beziehung steht und wer der Gesprächspartner ist. Ebenso wird dem Menschen bewusst, wer er selber ist.

„Wer könnte es wohl als schlecht empfinden, wenn man sich zu Beginn des Stundengebetes oder des Rosenkranzes erst darauf besinnt, mit wem man nun spricht und wer man selber ist, um zu wissen, wie man ihm begegnen muss? Ich sage euch Schwestern: „Wenn ihr alles Nötige tut, um diese beiden Punkte in aller Tiefe zu erfassen, habt ihr schon vor Beginn des mündlichen Gebetes lange Zeit in innerem Gebet verbracht" (Teresa von Jesus, Weg der Vollkommenheit, a.a.O. 22,3, S.118).

5. Meine Beziehung zu Gott

Schauen Sie nochmals auf Ihr Beziehungsbild mit Gott: Der Mensch soll beim inneren Gebet nicht viel nachdenken, sondern bei dem sein, den die Seele liebt. Dazu genügt ein einfaches Anschauen. Teresa sagt dazu:

„Ich bitte euch ja gar nicht, dass ihr an ihn denkt oder euch viele Gedanken macht oder in eurem Verstand lange und subtile Betrachtungen anstellt; ich will nicht mehr, als dass ihr ihn anschaut. Wer verwehrt es euch denn, die Augen der Seele immer wieder auf ihn zu richten – wenn auch nur so zwischendurch, wenn ihr nicht mehr fertig bringt? ... Ihm ist so sehr daran gelegen, dass du ihn immer wieder anschaust, dass es wegen einer Anstrengung seinerseits nicht ausbleiben wird" (Teresa von Avila, Weg der Vollkommenheit, Freiburg, 2003, 42,3, S.225/226).

Teresa vergegenwärtigte sich lange Zeit in ihrem Innern jeden Abend vor dem Einschlafen eine Szene aus dem Evangelium: Wie Christus auf dem Ölberg leidet. Für jeden kann es etwas anderes aus dem Leben Jesu sein, oder auch bloß der Blick auf seine Hände oder sein Antlitz. Wichtig ist, dass der Mensch in einen inneren, liebevollen Kontakt mit Jesus gelangt.

„Er (der Mensch) kann sich vorstellen, bei Christus zu sein, und es sich zur Gewohnheit machen, sich sehr in seine heilige Menschheit zu verlieben, ihn immerfort bei sich zu haben und mit ihm zu sprechen, ihn in seinen Nöten zu bitten, sich in seinen Plagereien bei ihm zu beklagen, in glücklichen Stunden sich mit ihm zu freuen und ihn deswegen nicht zu vergessen, ohne sich um vorformulierte Gebete zu bemühen, sondern mit Worten, wie sie seinen Wünschen und Bedürfnissen entsprechen" (Teresa von Avila, Das Buch meines Lebens, a.a.O.12,2, S.197).

Der Mensch kann anstatt in sein Inneres hineinzuschauen auch ein äußeres Bild zu Hilfe nehmen, um in dieses Zwiegespräch mit Christus zu kommen, z.B. ein Christusbild, eine Ikone, eine plastische Darstellung, z.B. ein Jesuskind etc.

6. Meine Beziehung zur Welt

Teresa von Avila suchte eine bewusste Verbindung zwischen geistlichem und alltäglichem Leben, zwischen Gebet und Welt. Sie gab der Kontemplation eine apostolische Ausrichtung. Sie ist nicht allein für den eigenen geistlichen Weg und Fortschritt da, sondern als tragender Grund für das Weltgeschehen. Alle Nöte der Welt sollten Raum haben in diesem Geschehen zwischen Gott und der Seele. *„Die Welt steht in Flammen! ... Nein, meine Schwestern, nein, es gibt keine Zeit, um mit Gott über Geschäfte von wenig Bedeutung zu verhandeln" (Teresa von Avila, Weg der Vollkommenheit, Freiburg, 2003, I,5, S.76/77).*

„Ich sage es nochmals: allein mit Gebet und Kontemplation könnt ihr euer Fundament nicht legen. Wenn ihr nicht nach Tugenden trachtet und euch nicht tätig darin übt, werdet ihr immer Zwerge bleiben" (Teresa von Avila, Die innere Burg, a.a.O., VII, 4, S.210).

Teresa betont immer wieder, dass der Fortschritt im geistlichen Leben nicht in religiösen Leistungen liegt, sondern im Lieben: *„Wie aber gelangt man zu dieser Liebe? Indem man sich entschließt, tätig zu sein und zu leiden und zwar bei jeder sich bietenden Gelegenheit. ... Darum auf, meine Töchter, verzagt nicht! Wenn euch der Gehorsam viele äußere Verrichtungen auferlegt, etwa in der Küche, so wisst: inmitten all der Töpfe erwartet euch der Herr! Wobei er euch innerlich und äußerlich gleichermaßen beisteht" (Erika Lorenz, S.94/96).*

7. Der Meister in mir

Johannes warnt die geistlichen Begleiter eindringlich. Er schärft ihnen ein, dass der Meister der Seele Gott selbst ist.

"Es mögen doch jene, die Seelen führen, beachten und bedenken, dass der Haupthandelnde und Führer und Beweger der Seelen bei diesem Unternehmen nicht sie sind, sondern der Heilige Geist, der die Sorge für sie nicht aufgibt, während sie nur Werkzeuge sind, um sie durch den Glauben und das Gesetz Gottes an der Vollkommenheit auszurichten, entsprechend dem Geist, den Gott einem jeden immer mehr gibt. Und so sollte es ihre ganze Sorge sein, sie nicht ihrer Weise und der ihnen eigenen Art anzupassen, sondern zu schauen, ob sie erkennen, wohin Gott sie führt; und wenn sie es nicht wissen, sollen sie sie in Ruhe lassen und nicht verwirren" (Johannes vom Kreuz, Die lebendige Liebesflamme, a.a.O., 3,46, S.147).

Teresa ist der Meinung, dass es ideal wäre es, einen Begleiter zu finden, der sowohl Wissen als auch Erfahrung hat. Selbst wenn einem Wissenden die Erfahrung fehlt, so ist er doch eine große Hilfe auf dem Weg:

„Und man soll sich nicht täuschen, indem man sagt, dass Studierte ohne inneres Beten nichts sind für den, der es hält. Ich habe mich mit vielen besprochen, denn seit einigen Jahren habe ich aufgrund meines größeren Bedürfnisses noch mehr das Gespräch mit ihnen gesucht, und immer bin ich eine Freundin von ihnen gewesen; selbst wenn manche von ihnen keine Erfahrung haben mögen, so weisen sie doch den Geist nicht zurück und sind seiner nicht unkundig. In der Heiligen Schrift, mit der sie umgehen, finden sie nämlich immer die Wahrheit des guten Geistes" (Teresa von Avila, Das Buch meines Lebens, a.a.O., 13,18, S.216).

III. BEGINN DER KONTEMPLATION

1. Das Gebet der Ruhe

Je länger jemand das innere Gebet übt, umso mehr wird sich dieses Gebet vereinfachen und oftmals zu einem Verweilen in der Gegenwart Gottes führen. Es kann nun aber geschehen, dass sich der Mensch ohne sein eigenes Denken und Zutun intensiv in die Gegenwart Gottes versetzt fühlt und darin einen bis dahin nicht gekannten Frieden erfährt. Hier beginnt die Kontemplation, das sogenannte Gebet der Ruhe. Teresa erklärt es folgendermaßen:

„Es ist dies etwas Übernatürliches, das wir nicht selbst herbeiführen können, so sehr wir uns auch anstrengen mögen. Es bedeutet nämlich, dass die Seele in Frieden versetzt wird oder der Herr sie in seine Gegenwart versetzt, wie er es mit dem gerechten Simeon tat, denn alle Seelenvermögen kommen da zur Ruhe. Die Seele erkennt in einer Art und Weise des Erkennens, die von dem Erkennen durch die äußeren Sinne ganz weit entfernt ist, dass sie ganz nahe bei ihrem Gott ist, und dass sie, mit noch ein bisschen mehr, dazu käme, durch Einung mit ihm eins zu werden. Das ist aber nicht so, weil sie es mit den Augen des Leibes oder denen der Seele sähe. Auch der gerechte Simeon sah nicht mehr als das armselige kleine glorreiche Kind, denn an den Windeln, in die es eingehüllt war, und an den wenigen Leuten, die ihn in der Prozession begleiteten, hätte er es eher für ein mitpilgerndes Kind armer Eltern als für den Sohn des himmlischen Vaters halten können. Aber das Gotteskind gab sich ihm selber zu erkennen. So erkennt die Seele es auch hier, wenn auch nicht mit derselben Klarheit;" (Teresa von Avila, Weg der Vollkommenheit, Freiburg 2003, 53,2, S.253/254).

Teresa sagt vom Beginn der Kontemplation: *„Hier beginnt die Seele sich zu sammeln und rührt dabei schon an etwas Übernatürliches, das sie allerdings in keiner Weise selbst erreichen kann, so viele Anstrengungen sie auch vollbringt" (Teresa von Avila, Das Buch meines Lebens, a.a.O., 14,2, S.220).* Sie fährt fort: *„Das bedeutet eine Sammlung der Seelenvermögen in sich hinein, um von dieser Beglückung mit noch mehr Wohlbehagen zu genießen; doch gehen sie nicht verloren, noch schlafen sie ein. Nur das Empfindungsvermögen ist derart beschäftigt, dass es sich, ohne zu wissen wie, gefangen nehmen lässt, das heißt, es gibt nur seine Zustimmung, damit Gott es einkerkert, wie jemand, der sehr wohl weiß, dass er der Gefangene dessen ist, den er liebt" (ebd. 14,2, S.221).*

„Sie (die Seele) beginnt, wenn sie hierher kommt, alsbald die Gier nach den Dingen von hienieden zu verlieren, aber das ist wahrhaftig kein großer Verdienst. Sie sieht nämlich deutlich ein, dass man ein solches Wohlgefühl hier auf Erden auch nicht einen Augenblick lang erleben kann, und dass es weder Reichtümer, noch Herrscheransprüche, noch Ehren, noch Freuden gibt, die ausreichen würden, um auch nur einen Augenaufschlag lang dieses Glücksgefühl zu vermitteln, denn es ist echt und ein Glück, bei dem man erlebt, dass es uns beglückt" (ebd. 14,5, S.222/223).

2. Erste Nachterfahrung

Beim Gebet der Ruhe fühlt sich der Mensch beschenkt und beglückt und steht in Gefahr, diese Erfahrung zu suchen und festhalten zu wollen. Es geht ihm um seine eigene beglückende Erfahrung. Er bedarf einer weiteren Transformation. Dies geschieht in einer Erfahrung, die er zunächst gar nicht mit Gott in Verbindung zu bringen weiß. Er hat den gegenteiligen Eindruck, nämlich, dass sich ihm Gott entzieht. Er kann nicht mehr auf die bisher gewohnte Weise beten und meditieren. Geistliche Dinge lassen ihn trocken. Johannes vom Kreuz bezeichnet diese Erfahrung als Nacht und gibt Kriterien an die Hand, um zu erkennen, ob es sich um eine Nacht im geistlichen Sinne handelt:

„Das erste ist die Feststellung an sich selbst, dass er mit der Vorstellungskraft weder meditieren noch nachdenken kann und daran auch keinen Geschmack mehr findet wie er es früher gewohnt war, sondern in dem, was den Sinnenbereich früher zu fesseln und woraus er Saft zu holen pflegte, nun Trockenheit findet. Aber solange er Saft herausholt und in der Meditation nachdenken kann, soll er es nicht unterlassen, es sei denn, dass seine Seele zu Frieden und Ruhe gelangt" (Johannes vom Kreuz, Aufstieg auf den Berg Karmel, Herder Verlag Freiburg 1999, II, 13,2, S.190).

Es gibt Meditationsmethoden in unserer Zeit, bei denen die Verstandestätigkeit bewusst ausgeschaltet wird. Teresa und Johannes betonen, dass der richtige Zeitpunkt für das Aufgeben vorhanden sein muss. Die Seele muss innerlich so weit sein, dass ein Lassen möglich und sinnvoll ist.

„Darum wird sie (die Kontemplation) geheim genannt, insofern als die erwähnten Seelenvermögen diese Weisheit nicht erreichen, sondern der Heilige Geist sie eingießt und im Menschen ordnet, wie die Braut im Hohenlied (Hld 2,4) sagt, ohne dass der Mensch es weiß noch versteht, wie das geschieht. Und wirklich, nicht nur der Mensch versteht das nicht, sondern niemand, selbst nicht einmal der Böse, insofern als der Meister, der sie lehrt, im Wesenskern des Menschen wohnt, wohin weder der Böse noch der natürliche Sinnenbereich noch das Erkenntnisvermögen vordringen können" (Johannes vom Kreuz, Die Dunkle Nacht, a.a.O., II,17,2, S.165/166).

3. Kennzeichen der Nacht im geistlichen Sinn

Wenn jemand die Erfahrung von Trockenheit und Lustlosigkeit im Gebet macht, so kann das viele Ursachen haben. Johannes zählt auf:„ *...von Sünden oder Unvollkommenheiten, von Nachlässigkeit und Lauheit, oder von einer schlechten Gemütsverfassung oder einem körperlichen Unwohlsein" (Johannes vom Kreuz, Die Dunkle Nacht, a.a.O., I, 9,1, S.61)*. Dies alles ist noch keine Nacht im geistlichen Sinne. Die Kriterien für eine solche Nacht sind folgende:

Neben der Feststellung, dass jemand an den bisherigen geistlichen Übungen keinen Geschmack mehr findet, ist das zweite (Anzeichen) *„gegeben, sobald er merkt, dass es ihm keine Lust bereitet, die Vorstellung oder den Sinnenbereich auf andere einzelne Dinge zu richten, egal ob innerliche oder äußerliche. Ich sage nicht, dass diese nicht käme oder ginge, denn auch in tiefer Sammlung schweift sie gewöhnlich umher, sondern dass es der Menschenseele nicht gefällt, sie absichtlich auf andere Dinge zu richten" (Johannes vom Kreuz, Aufstieg auf den Berg Karmel, a.a.O., II, 13,3, S.190)*.

Die Lustlosigkeit und Trockenheit erstreckt sich also auf alle Gebiete. Aber auch dies kann von den oben erwähnten Ursachen herrühren, daher bedarf es noch eines weiteren Merkmals:

„Das dritte und sicherste ist, wenn es der Menschenseele gefällt, in liebender Achtsamkeit allein bei Gott zu sein, ohne ins einzelne gehende Überlegung, wohl aber in innerem Frieden, in Stille und Ruhe, und ohne die Tätigkeiten und Übungen der Seelenvermögen – Erinnerung, Erkenntnis, Empfindung - , wenigstens nicht der diskursiven, was Hin- und Hergehen von einem zum anderen ist, sondern nur in der gesamtheitlichen liebenden Achtsamkeit und Einsicht, wovon wir gerade sprechen, ohne ins einzelne gehendes Gewahrwerden und ohne zu verstehen, worüber es geht" (ebd. II,13,4, S.190/191).

Der Mensch, der in eine Nacht im geistlichen Sinne eintritt, empfindet in sich eine tiefe Sehnsucht nach Gott, ohne dass diese durch irgendetwas gestillt werden könnte. Einzig das ruhige Verweilen in seiner Gegenwart vermag die Seele in Frieden zu versetzen.

Dieser Prozess des Eintritts in die Nacht kann sich über einen kürzeren oder längeren Zeitraum erstrecken. Es gibt auch Menschen, die nie in der diskursiven Weise der Betrachtung einsteigen können, sondern gleich bei dem ruhigen Verweilen vor Gott.

IV. NACHT DES SINNENBEREICHES

1. Loslassen

Die Trockenheit und Nacht im geistlichen Sinn bewirken einen Wandlungsprozess im Menschen. Die Nacht im Sinnenbereich ist eine erste Phase. Sie geht jedoch noch nicht in die letzten Tiefen. Dazu bedarf es der zweiten Phase: der Nacht des Geistes. In sie gehen nur wenige Menschen hinein.

Zu Beginn und auch später werden Sie vielleicht in der Versuchung sein, wieder aufgeben zu wollen, da sich scheinbar überhaupt nichts tut und kein „Erfolg" zu verzeichnen ist. Die Zeit für die Meditation erscheint wie vergeudet. Es kostet Überwindung, weiter zu machen. Johannes vom Kreuz kannte diese Versuchung und sagt dazu:

„Die Verhaltensweise, die sie (die Seelen) in dieser Nacht des Sinnenbereichs annehmen sollen, ist, dass sie sich aus Gedankengängen und der Meditation (als Reflexion) nichts machen, da das jetzt nicht dran ist. Sie sollen vielmehr die Seele ruhig sein und ausruhen lassen, auch wenn sie deutlich den Eindruck haben, dass sie nichts tun und ihre Zeit verlieren, ja selbst wenn ihnen scheint, sie hätten nur wegen ihrer Nachlässigkeit keine Lust, über etwas nachzudenken. Sie tun nämlich bereits sehr viel, wenn sie geduldig im Gebet ausharren, ohne dabei etwas zu tun. Das einzige, was sie hier zu tun haben, ist, ihre Seele von allen Erkenntnissen und Gedanken frei und ledig geruhsam zu lassen, ohne sich Sorgen zu machen, worüber sie nachdenken und meditieren sollten. Sie sollen sich einzig mit einem liebevollen und ruhigen Aufmerken auf Gott zufrieden geben und unbesorgt und ohne Leistungsdruck sein und ohne ihn verspüren oder verschmecken zu wollen, denn all diese

Ansprüche beunruhigen die Seele und lenken sie von dieser ruhigen Stille und dem sanften Untätigsein der Kontemplation ab, die ihr jetzt geschenkt wird" (Johannes vom Kreuz, Die Dunkle Nacht, a.a.O., I,10,4, S.69/70).

2. Erste Wahrnehmungen des Wirkens Gottes in der Kontemplation

In der Nacht des Sinnenbereichs verfeinert sich die Selbstwahrnehmung und die Wahrnehmung des Wirkens Gottes im Menschen, wobei die früheren Wahrnehmungen, die wesentlich oberflächlicher und gröber waren, verschwinden. Ein ganz feiner innerer Friede wird wahrgenommen. Er ist ein sicheres Zeichen dafür, dass sich der Mensch auf dem rechten Weg befindet. Johannes sagt von diesem Frieden:

„Denn was der Mensch in dieser Zeit von sich aus wirken kann, dient, wie gesagt, nur dazu, seinen inneren Frieden und das Werk, das Gott während dieser Trockenheit des Sinnenbereichs in seinem Geist vollbringt, zu stören. Da dieses geistlich und zärtlich ist, wirkt es beruhigend, zärtlich, beheimatend, befriedigend und friedlich, weit entfernt von all jenen ersten Wohlgefühlen, die sehr greifbar und spürbar waren; denn dies ist der Friede, von dem David sagt: Gott spricht ihn in die Seele hinein (Ps. 85,9), um sie geistlich zu machen" (Johannes vom Kreuz, Die Dunkle Nacht, a.a.O., I,9,7, S.65/66).

Es braucht Zeit, bis jemand diesen ganz feinen inneren Frieden wahrnimmt. Meist fühlt er sich nur leer, allerdings ohne Unbehagen. Es ist eine Art trockenen Trostes.

„Wenn diejenigen, denen dies zustößt, ruhig zu werden verstünden, unbesorgt über innerliche oder äußerliche Werke und unbekümmert darüber, dass sie jetzt nichts tun, dann würden sie in dieser Sorglosigkeit und Untätigkeit bald schon jene zarte

innere Erquickung spüren. Diese ist nämlich so zart, dass, wer Lust danach verspürt und darum besorgt ist, sie nur je zu spüren, sie für gewöhnlich nicht spürt; denn sie wirkt, wie ich sage, im Moment der größten Untätigkeit und Sorglosigkeit des Menschen. Es ist wie mit der Luft, die entweicht, wenn man sie mit der Hand umschließen will" (ebd. I, 9,6, S.65).

3. Kontemplation: liebendes Einströmen Gottes

Die Nacht im Sinnenbereich nimmt dem Menschen viel, aber sie gibt ihm ungleich mehr, als sie nimmt. Nur spürt er das zu Beginn nicht und tut sich deshalb schwer mit dem Loslassen. Es ist ein Vertrauen ohne Absicherung notwendig, ein immer lauterer werdender reiner Glaube. Hier setzt die eigentliche Kontemplation ein. Johannes erklärt sie so:

„Hier beginnt Gott nämlich sich mitzuteilen, und zwar nicht über den Sinnenbereich, wie er es früher mit Hilfe von Gedankengängen tat, die Erkenntnisse miteinander verbanden und voneinander unterschieden, sondern durch den reinen Geist, in dem es keine aufeinander folgenden Gedanken gibt. Er teilt sich im Vorgang einfacher Kontemplation mit, zu der weder die äußeren noch die inneren Sinne des unteren Bereichs gelangen. Von daher kommt es, dass die Vorstellungskraft und die Phantasie sich nicht länger auf Betrachtungen stützen oder von nun an in ihnen Boden finden können" (Johannes vom Kreuz, Die Dunkle Nacht, a.a.O., I, 9,8, S.66).

Kontemplation ist ein Geschenk Gottes, ist Gnade. Sie strömt in den Menschen ein und erfüllt ihn ganz, wenn er diesem Einströmen Raum gibt. Johannes schreibt:

„Darum soll ein solcher Mensch, sich nichts daraus machen, dass er das Wirken mit den Seelenvermögen verliert, vielmehr soll es ihm gefallen, dass er das rasch verliert, denn wenn es die

eingegossene Kontemplation nicht stört, die Gott ihm geben will, empfängt er diese in größerer und friedlicherer Überfülle. Er schaffe Raum, dass er im Geist der Liebe, die diese dunkle und geheime Kontemplation mit sich bringt und die dem Menschen anhaftet, entbrenne und sich entflamme. Kontemplation ist ja nichts anderes als ein geheimes, friedliches und liebendes Einströmen Gottes, so dass er, wenn man ihm Raum gibt, den Menschen im Geist der Liebe entflammt" (ebd. I, 10,6, S.71).

In der Trockenheit, die diese Nacht mit sich bringt, geschieht ein Entflammen in der Liebe und zwar im Geist, wie Johannes sagt, nicht im Sinnenbereich. Mit Geist ist der innerste Wesenskern des Menschen gemeint, nicht seine intellektuellen Fähigkeiten. Die Nacht gibt also eine eigene Qualität von Trost und von Liebe. Beides wird auf eine neue Weise wahrgenommen, nicht in der früheren Weise. Die Wahrnehmung hat sich sehr verfeinert. Der Raum, die Leere, die durch das Loslassen entsteht, hinterlässt keine Stumpfheit und Kälte. Das ist ein wichtiges Merkmal für diese Läuterung.

4. Kontemplation als Erleuchtung

Gott kann umso mehr in den Menschen einströmen, je mehr dieser ihm Raum gibt und alle Eigenaktivität loslässt. Selbst das liebende Aufmerken kann er noch lassen. Johannes schreibt:

„Deshalb soll der Mensch, wenn es geschehen sollte, dass er sich auf diese Weise in Schweigen und Lauschen übergehen fühlt, sogar noch die Übung der liebenden Achtsamkeit, von der ich sprach, vergessen, damit er frei bleibt für das, was der Herr dann von ihm will. Denn von dieser liebenden Achtsamkeit soll man nur dann Gebrauch machen, wenn man sich nicht in Einsamkeit oder innerer Untätigkeit oder Vergessen oder

geistiges Lauschen übergehen fühlt. Dieses ist, damit er es erkennt, immer wenn es eintritt, mit einer gewissen friedlichen Ruhe oder innerer Versunkenheit verbunden" (Johannes vom Kreuz, Die lebendige Liebesflamme, a.a.O., III, 35, S.140/141).

Die Kontemplation, die für den Menschen zunächst als Dunkelheit und als Nacht empfunden wird, ist selbst Licht und Liebe, nur vermag der Mensch das nicht wahrzunehmen. Sein menschliches Empfinden und Erkennen sind zu begrenzt dafür. Deshalb ist das Licht für ihn dunkel. Johannes sagt:

„In der Kontemplation jedoch, von der wir hier gerade sprechen, durch die Gott, wie wir gesagt haben, der Seele etwas von sich eingießt, ist es nicht nötig, dass eine deutliche Einsicht da sei oder der Mensch Akte des Begreifens vollzieht, denn in einem einzigen Akt teilt ihm Gott ständig Licht und Liebe zugleich mit, was eine übernatürliche liebende Einsicht ist, von der wir sagen können, sie sei wie warmes Licht, das wärmt, weil dieses Licht zugleich verliebt macht. Und dieses ist undeutlich und dunkel für das Erkenntnisvermögen, denn es ist eine kontemplative Einsicht, die, wie der hl. Dionysius sagt, für das Erkenntnisvermögen ein Strahl der Finsternis ist" (ebd. III, 49, S.151/152).

Die Kontemplation ist Licht und wird deshalb als Weg der Erleuchtung bezeichnet. Wir kennen den Begriff der Erleuchtung heute vor allem von den östlichen Meditationsmethoden. Im Zen strebt der Mensch nach Erleuchtung, d.h. jener Erfahrung, die ihm in einem plötzlichen und nicht machbaren Augenblick eine Einheitserfahrung als Transzendenzerfahrung schenkt. Hier wird das Einströmen Gottes in den Menschen als Erleuchtung bezeichnet. Es ist weniger eine plötzliche Einzelerfahrung als ein unmerklich langsames Hineingenommen werden in diesen Zustand der eingegossenen Kontemplation. Dies geschieht bereits in der Nacht des Sinnenbereichs, wie Johannes erklärt:

„Mit einem anderen Namen nennt man ihn auch Weg der Erleuchtung oder eingegossene Kontemplation, mit der Gott den Menschen von sich aus und ohne Gedankengänge oder aktive Hilfe von Seiten des Menschen weidet und erquickt. Von der Art ist, wie wir gesagt haben, die Nacht und Läuterung im Sinnenbereich des Menschen. Bei denen, die später in die zweite, schwerere Nacht, nämlich die des Geistes, hineingehen müssen, um zur gottgewirkten Liebeseinung weiterzugehen – wobei nicht alle, sondern normalerweise nur die wenigsten da hineingehen -, ist diese Nacht für gewöhnlich von bedrückenden Mühsalen und Versuchungen im Sinnenbereich begleitet, die lange Zeit anhalten, wenn auch bei den einen länger als bei anderen"(Johannes vom Kreuz, Die Dunkle Nacht, a.a.O., I,14,1, S.89/90).

V. NACHT DES GEISTES

1. Außergewöhnliche Phänomene

Diese zweite Nacht schließt sich für gewöhnlich nicht gleich an die Nacht der Sinne an. Es vergehen meist Jahre, in denen der Mensch nun mühelos in der Kontemplation ohne gedankliche Anstrengungen versinkt. Er empfindet jetzt Geistliches im Sinnenbereich. Da dieser seiner Art nach aber zu schwach ist für die Dinge des Geistes, kommt es hier zu Ekstasen, Verzückungen und dergleichen. Johannes sieht sie als Schwächen an, die daher rühren, dass die Mitteilungen nicht rein geistiger Art sind. Er sieht auch Visionen und Auditionen als etwas Unvollkommenes an und rät, sie nicht zu beachten.

„Denn, wie gesagt, keine der übernatürlichen Formen oder Einsichten, die ins Erinnerungsvermögen fallen können, ist Gott, und von allem, was nicht Gott ist, muss sich der Mensch leer machen, um zu Gott zu gehen" (Johannes vom Kreuz, Aufstieg auf den Berg Karmel, a.a.O., III,7,2, S.348).

„Johannes zufolge macht es wenig Sinn, im Einzelnen zu untersuchen, ob die Visionen jeweils von Gott stammen oder vom Bösen, da sie ohnehin kein geeignetes Mittel zur Gotteinung sind, weil sie keine Ähnlichkeit mit Gott haben. Deshalb rät er, sie alle zurückzuweisen. Der Mensch soll sich nicht mit den leiblichen oder den geistigen Visionen belasten; er soll nüchtern mit seinem geistlichen Begleiter hierüber sprechen und dann alle Visionen loslassen und sich auf den Glauben richten als einziges adäquates Mittel zur Gotteinung in diesem Leben" (Anmerkung zum Stichpunkt Vision, in ebd., S.491).

Außersinnliche Wahrnehmungen sind keinesfalls als Zeichen einer besonderen Begnadung zu werten. Sie sind immer nur als Begleiterscheinung der Mystik anzusehen, niemals aber als deren Wesen. Teresa ist in ihren Ratschlägen diesbezüglich nicht so radikal wie Johannes. Sie hat auf ihrem Weg Visionen und Auditionen immer als hilfreich erfahren, wegen ihres zu geringen Glaubens. Sie betont, dass es auf die innere Einstellung ankommt:

„Ob eine Vision gut oder schlecht ist, liegt ja nicht an ihr selbst, sondern an dem, der sie sieht und sie sich nicht mit Demut zunutze macht. Wenn Demut vorhanden ist, wird keine Vision schaden, auch wenn sie vom Teufel stammt, wenn aber keine Demut vorhanden ist, wird sie auch keinen Nutzen bringen, selbst wenn sie von Gott ist. Wenn nämlich das, was einen demütig machen muss - aus der Gewissheit, dass man diese Gnade nicht verdient -, einen hochmütig werden lässt, dann ist man wie die Spinne, die alles, was sie frisst, in Gift verwandelt, im Gegensatz zur Biene, die alles zu Honig macht" (Teresa von Avila, Klostergründungen, a.a.O., 8,3, S.69/70).

Die Nacht der Sinne war wie ein Tor für die nun folgende Nacht. Sie sollte den Sinnenbereich dem Geist anpassen. Bei der Nacht des Geistes geht es um die Einung des Geistes mit Gott.

2. Dunkler Glaube

Die zweite Nacht, die des Geistes, ist intensiver, schmerzlicher und umfassender als die erste. In ihr wird sowohl der Sinnenbereich als auch der des Geistes transformiert.

„Deshalb muss der Mensch, um zu ihr (der Gotteinung) zu kommen, in die zweite Nacht, die des Geistes eintreten, in der Sinnenbereich und Geist von all diesen Wahrnehmungen und Köstlichkeiten gänzlich entblößt und auf den Weg des dunklen und puren Glaubens gebracht werden, der das eigentliche und

angemessene Mittel ist, durch das der Mensch mit Gott geeint wird, wie Hosea sagt: Ich werde dich mit mir vermählen, d.h. dich mir durch den Glauben einen (Hos 2,20)" (Johannes vom Kreuz, Die Dunkle Nacht, a.a.O., II,2,5, S.98).

Johannes hat eine konsequent entleerende Methode. Dunkelheit im Erkenntnisvermögen, Leere im Erinnerungsvermögen und Trockenheit im Empfindungsvermögen (vgl. ebd.II, 3,3, S.100) sind Erfahrungen auf dem Weg zur Einigung mit Gott. Es ist eine „via negationis", ein Weg des „Nichts". Johannes ermutigt den Menschen, diesen Weg zu gehen:

„Deshalb, du geistlich bemühter Mensch, wenn du dein Streben verdunkelt, deine Neigungen trocken und bedrängt und deine Seelenvermögen zu jeder inneren Übung unfähig erlebst, so soll dir's darum nicht leid sein, sondern halte es für ein gutes Geschick, jetzt ist es so weit, dass Gott beginnt, dich von dir selbst zu befreien, indem er dir deine Habe aus den Händen nimmt. Selbst wenn diese dir noch so gut zu Diensten stünden, würdest du mit ihnen wegen ihres Nichtgeläutertseins und ihrer Ungeschicktheit nicht so zutreffend, vollkommen und sicher wirken wie jetzt, da Gott dich an der Hand nimmt und dich wie einen Blinden im Dunkeln führt, wo und wohin du nicht weißt; noch gelänge es dir, mit deinen Augen und Füßen deine Wege zurückzulegen, so gut sie auch gehen würden" (ebd. II,16,7, S.159/160).

In der Nacht des Geistes wird der Mensch in völlige Dunkelheit geführt, die sich ihm erst nach und nach als Licht offenbart. Das, was als Dunkelheit wahrgenommen wird, ist nicht dunkel, sondern licht, aber der Mensch nimmt das noch nicht wahr, sondern erst im Verlauf der Nacht. Die liebende Beziehung zu Gott ist auch für die Nacht des Geistes das tragende Fundament.

3. Nada – Nichts

Ein zentrales Wort bei Johannes ist das Wort „Nada" - Nichts. Darin ähnelt er östlichen Meditationsmeistern, die durch eine entleerende Methode vorgehen, wie z.B. im Zen. Die gänzliche Leere des Menschen wird bei Johannes angestrebt:

„und von allem, was nicht Gott ist, muss sich der Mensch leer machen, um zu Gott zu gehen ... Und wenn er vollkommen besitzlos geworden sein sollte, wird er mit dem Gottbesitz in gottgewirkter Einung verbleiben. Doch gibt es viele Menschen, die nicht bereit sind, den süßen Geschmack und die Köstlichkeit der Erinnerung an die Einsichten zu entbehren, und die deshalb nicht zum höchsten Besitz und zur ungeteilten Süße gelangen. Denn wer nicht auf alles verzichtet, was er besitzt, kann sein Jünger nicht sein (Lk. 14,33)" (Johannes vom Kreuz, Aufstieg auf den Berg Karmel, a.a.O., III, 7,2, S.348).

Die Leere, das Nichts, von dem Johannes spricht, ist nicht leer, sondern erfüllt von Hoffnung:

„denn von Gott erlangt der Mensch um so mehr, je mehr er erhofft; und Hoffnung hat man dann um so mehr, je mehr man sich seines Besitzes entledigt" (ebd. S.348).

Immer wieder geht es um die besondere Eigenschaft von Dunkelheit, Trockenheit und Leere. Sie sind in diesem Prozess der geistlichen Nacht befreiend. Ein Mensch, der sich in einer Nacht befindet, sollte erspüren, ob diese positive Seite bei aller Schmerzlichkeit in ihm wahrnehmbar ist. Dieses Nichts führt in die Freiheit, gibt Raum für Neues.

„Wenn dem verliebten Menschen nämlich das Naturhafte fehlt, ergießt sich alsbald auf natürliche und übernatürliche Weise Göttliches in ihn, damit in seiner Natur kein Leerraum entsteht" (ebd. II, 15,3, S.206).

VI. GOTTEINUNG

1. Verwandlung

Der geistliche Prozess ist ein Wandlungsprozess. Der Mensch durchläuft viele Veränderungen. Er erlangt eine Transparenz seines ganzen Wesens für die Präsenz Gottes in ihm. Sein Gebet, seine Meditation werden immer weiseloser, unscheinbarer. Alles entzieht sich ihm. Selbst die Versunkenheit ist nicht mehr spürbar. Lediglich jene innere Wachheit wird immer intensiver wahrgenommen und ein Einfachwerden. Der verwandelte Mensch ist ganz präsent, ganz er selbst und darin ganz durchlässig für Gott. Dieser Prozess der Wandlung führt ihn bis zur Erfahrung der Gottverlassenheit. Jede Fixierung muss er loslassen, um bereit zu werden, der Liebe Gottes und dem Licht in sich Raum zu geben. Johannes sagt dazu:

„Selbst wenn er auch nur noch eine Neigung hat oder wenn der Geist noch an einer Einzelheit festhält, gleichgültig, ob momentan oder gewohnheitsmäßig, so reicht dies schon, damit er das zarte Liebkosen und das tiefinnerliche Verkosten des Geistes der Liebe, der auf ganz hervorragende Weise alles Verkosten in sich enthält, weder verspüren noch schmecken noch sich mit ihm austauschen kann" (Johannes vom Kreuz, Die Dunkle Nacht, a.a.O., II,9,2, S.123/124).

„Dazu muss man wissen, dass diese Flamme, die der Heilige Geist ist, in der Seele immer wieder Verwundungen schlägt, indem sie ihr die Unvollkommenheiten ihrer schlechten Gewohnheiten austreibt und aufzehrt, bevor dieses göttliche Liebesfeuer in den Wesenskern des Menschen eindringt und sich durch vollendete und vollkommene Läuterung und Reinheit mit ihm eint. Und das ist das Werk des Heiligen Geistes, durch das er sie für die gottgewirkte Gotteinung und

Liebesgleichgestaltung (transformacion de amor) mit Gott bereitet. Denn man muss wissen, dass das Liebesfeuer, das sich nachher mit der Menschenseele eint und sie dadurch verherrlicht, dasselbe ist, das sie vorher anfällt und dadurch läutert. Genauso wie das Feuer, das in das Holz eindringt, dasselbe ist, das mit seiner Flamme zuerst allmählich über es herfällt und es verwundet, und es dadurch austrocknet und es von seinen hässlichen Eigenschaften freimacht, bis es das Holz mit seiner Hitze so zubereitet, dass es in es eindringen und es sich gleich gestalten kann" (Johannes vom Kreuz, Die lebendige Liebesflamme, a.a.O., 1,19, S.64).

2. Nur die Liebe eint

Im Bild menschlicher Liebe von Braut und Bräutigam sprechen sowohl Johannes als auch Teresa von dieser Einung mit Gott.

„Er (Gott) weilt nun beständig dort, wie schlafend in dieser Umarmung mit seiner Braut im Wesenskern der Seele, wo sie ihn sehr gut fühlt und beständig genießt. Denn wenn er in ihr immerzu wach wäre und sie sich dabei ihre Gewahrwerdungen und Liebesregungen mitteilten, wäre das bereits Leben in Herrlichkeit. Denn wenn er die Seele, kaum dass er einmal aufwacht und ein Auge aufmacht, schon in einen solchen Zustand versetzt, wie wir gesagt haben, was wäre dann, wenn er beständig in ihr weilte, hellwach für sie?" (Johannes vom Kreuz, Die lebendige Liebesflamme, a.a.O., 4,15, S.189).

"Von daher besitzen die Menschen die gleichen Güter durch Teilhabe wie er (Gott) von Natur aus. Darum sind sie wirklich Götter durch Teilhabe, Gott gleich und seine Gefährten. ... Das bedeutet Teilhabe der Seele an Gott, denn mit seiner Begleitung wirkt sie in ihm das Werk der Heiligsten Dreifaltigkeit, auf die Weise, die wir genannt haben aufgrund der wesenhaften Einung zwischen dem Menschen und Gott. Obwohl sich das erst im

anderen Leben vollkommen erfüllt, bekommt man doch schon in diesem ein starkes Vorerleben und Verkosten davon, sobald man die vollkommene Verfassung erlangt hat, auf die Weise, die wir gerade nennen, obwohl man es, wie wir gesagt haben, nicht aussagen kann" (Johannes vom Kreuz, Der Geistliche Gesang, Herder Verlag Freiburg 1997, 38,4, S.236/237).

„Wenn aber Gott selbst den Menschen besucht, dann bewahrheitet sich der erwähnte Vers vollständig, denn dann empfängt der Mensch völlig im Dunkeln und verstohlen vor dem Feind die geistlichen Gnadengaben Gottes. Der Grund dafür ist, dass Seine Majestät im Wesenskern der Seele wohnt, wohin weder der Engel noch der Böse gelangen können, um zu verstehen, was geschieht, so dass sie die innigen und geheimen Mitteilungen, die dort zwischen Gott und Mensch vorgehen, nicht erkennen können. Diese sind, insofern als der Herr sie selbst erweist ganz und gar göttlich und unübertroffen, denn es sind lauter Berührungen gottgewirkter Einung zwischen Mensch und Gott, die in den Wesenskern reichen, wobei in einer von ihnen der Mensch ein größeres Gut empfängt als bei allem übrigen, denn dies ist die höchste Stufe des Gebets, die es gibt" (Johannes vom Kreuz, Die Dunkle Nacht, a.a.O., II,23,11, S.196/197).

3. Auswirkungen der Kontemplation

Die Echtheit der Gotteinung zeigt sich an den Auswirkungen des geistlichen Lebens. Ihr entspringen Taten und Werke. Die Gotteinung steht im Dienst der Menschen und führt zur Haltung der Barmherzigkeit allem Leben gegenüber. Teresa schreibt dazu:

„O meine Schwester, wie wenig wird die Seele, von der Gott in solch besonderer Weise Besitz ergriffen hat, noch an ihre eigene Ruhe denken; wie gering wird sie alle Ehre achten, und wie fern wird es ihr liegen, etwas gelten zu wollen! Denn ist sie viel mit ihm zusammen, wie es sein soll, so denkt sie wohl wenig an sich

selbst. Ihr ganzes Sinnen richtet sich darauf, wie sie ihn noch mehr erfreuen und worin und wodurch sie die Liebe, die sie für ihn hegt, erweisen könnte. Hierfür ist das Gebet da, meine Töchter, das ist die Bestimmung dieser geistlichen Ehe, nämlich dass ihr immerfort Werke entsprießen, Werke" (Teresa von Avila, Die innere Burg, a.a.O., 7,4, S.209).

Teresa betont, dass es bei der Gotteinung nicht so sehr auf die mystische Erfahrung dieser Einung ankommt, als auf das Einswerden mit dem Willen Gottes, das auch der erlangen kann, der diese Erfahrung nicht hat.

„Die größte Vollkommenheit besteht weder in inneren Gnaden noch in großen Ekstasen, weder in Visionen noch im Geist der Weissagung, sondern in einer solchen Übereinstimmung unseres Willens mit dem Willen Gottes, dass es für uns nichts gibt, was Er will, das wir nicht auch mit unserem ganzen Willen wünschen" (Teresa von Avila, Klostergründungen, a.a.O., 5,10, S.43).

Hier wird die mystische Erfahrung relativiert. Letzte Norm ist Gott selbst, bzw. sein Wille und dieser bedeutet für den Menschen immer ein Heilwerden.

"Er (der Mensch) wird diese Dinge dann mit ganz anderen Augen anschauen wie früher, so wie der Geist anders ist als der Sinnenbereich und das Göttliche anders als das Menschliche" Johannes vom Kreuz, Die Dunkle Nacht, a.a.O., II,9,5, S.126).

All diese erdrückenden Läuterungen des Geistes erleidet der Mensch, damit er durch dieses göttliche Einströmen wiedergeboren wird zum Leben im Geist. Durch diese Schmerzen gebiert er den Geist des Heilseins, damit sich das Wort Jesajas erfülle: Von deinem Antlitz, Herr, empfingen wir, und wir hatten Geburtswehen, und wir gebaren den Geist des Heilseins (Jes 26,17-18)" (ebd. II, 9,6, S.127).

Die Gotteinung ist ein Ziel, das über den Tod hinauslangt und dem Leben Sinn zu geben vermag. Im Tod werden wir jene letzte Verwandlung erlangen können, durch die wir zu jener tiefsten Gotteinung gelangen können.

Auf diesem Weg zu Gott muss der Mensch mühsam lernen, sich *„von Gott tragen zu lassen"*, wie Johannes vom Kreuz sagt (vgl. Aufstieg auf den Berg Karmel, a.a.O., Vorwort, 4, S.48). Dies einzuüben, ist der Sinn dieser Exerzitien.

„Wenn die Menschenseele Gott sucht, so sucht sie ihr Geliebter noch viel dringlicher" (Johannes vom Kreuz, Die lebendige Liebesflamme, Herder Verlag Freiburg 2000, III, 28, S.133/134).

VII. GEBETE

TERESA VON AVILA

Nichts soll dich verwirren,
nichts dich erschrecken,
Alles vergeht,
Gott ändert sich nicht.
Die Geduld erlangt alles.
Wer Gott hat, dem fehlt nichts.
Gott nur genügt.

Aus: Teresa von Avila, Gedanken zum Hohenlied, Gedichte und kleinere Schriften. Ges. Werke Bd. 3. Hrsg., übersetzt und eingeleitet von U. DobhanOCD/Elisabeth Peeters OCD. Freiburg 2004. S. 344.

* * *

Mein Herr und mein höchstes Gut!
Überwältigt vom Glück
Kann ich es nicht ohne Tränen aussprechen:
Du, Herr, willst in uns wohnen,
wie du im Sakrament zugegen bist.
Wenn wir nicht durch eigene Schuld versagen,
dann können wir uns an deiner Gegenwart freuen.
Du selbst findest deine Freude in uns;
Hast du uns doch zugesagt,
es sei deine Wonne,
bei den Menschenkindern zu sein.
Jedes Mal, wenn ich dieses Wort höre,
gibt es mir freudigen Mut. (Leben 14,9)

Aus: Teresa von Avila, Verweilen bei einem Freund. Gebete. Hrsg. V. U Dobhan. Verlag Neue Stadt München 1989. S. 44.

O Seele, suche dich in Mir,
und, Seele, suche Mich in dir.

Die Liebe hat in Meinem Wesen
dich abgebildet treu und klar:
kein Maler lässt so wunderbar,
o Seele, deine Züge lesen.
Hat doch die Liebe dich erkoren
als meines Herzens schönste Zier:
bist du verirrt, bist du verloren,
o Seele, suche dich in Mir.

In meines Herzens Tiefe trage
Ich dein Porträt, so echt gemalt;
sähst du, wie es vor Leben strahlt,
verstummte jede bange Frage.
Und wenn dein Sehnen Mich nicht findet
Dann such' nicht dort und such' nicht hier:
gedenk, was dich im Tiefsten bindet,
und, Seele, suche Mich in dir.

Du bist mein Haus und meine Bleibe,
bist meine Heimat für und für:
Ich klopfe stets an deine Tür,
dass dich kein Trachten von Mir treibe.
Und meinst du, Ich sei fern von hier,
dann ruf Mich, und du wirst erfassen,
dass Ich dich keinen Schritt verlassen:
und Seele, suche Mich in dir.

Aus: Teresa von Avila, „Ich bin ein Web und obendrein kein Gutes". Ein Porträt der Heiligen in ihren Texten. Ausgewählt, übersetzt und eingeleitet von Erika Lorenz. Freiburg 1982. S. 41.

JOHANNES VOM KREUZ

Lied der Seele, die sich der Gotteserkenntnis im Glauben erfreut

Wie gut weiß ich den Quell, der entspringt und strömt,
auch wenn es Nacht ist.

Jener ewige Quell ist verborgen,
wie gut weiß ich, wo er entspringt,
auch wenn es Nacht ist.

Seinen Ursprung weiß ich nicht, denn er hat keinen,
doch weiß ich wohl, dass aller Ursprung aus ihm stammt,
auch wenn es Nacht ist.

Ich weiß, dass nichts Schöneres sein kann,
und dass Himmel und Erde von ihm trinken,
auch wenn es Nacht ist.

Wohl weiß ich, dass kein Grund sich in ihm findet,
und dass niemand ihn durchwaten kann,
auch wenn es Nacht ist.

Seine Klarheit wird niemals verdüstert,
und ich weiß, dass ihm alles Licht entsprungen ist,
auch wenn es Nacht ist.

Weiß seine Ströme so wasserreich,
dass sie Hölle, Himmel wässern und die Völker,
auch wenn es Nacht ist.

Der Strom, der diesem Quell entspringt,
den weiß ich wohl von großer Kraft und Allmacht,
auch wenn es Nacht ist.

Der Strom, der aus diesen zwei hervorgeht,
dem ist, ich weiß, keiner der anderen beiden voraus,
auch wenn es Nacht ist.

Dieser ewige Quell ist verborgen
In diesem lebendigen Brot, um uns Leben zu geben,
auch wenn es Nacht ist.

Er ruft herbei die Geschöpfe,
und sie sättigen sich an diesem Wasser auch im Dunkeln,
da es ja Nacht ist.

Diesen lebendigen Quell, den ich ersehne,
in diesem Brot des Lebens erblicke ich ihn schon,
wenn es auch Nacht ist.

Aus: Johannes vom Kreuz, Die Dunkle Nacht und die Gedichte. Einsiedeln 1978. S.205-207.

* * *

Gesänge der Seele, die sich freut, auf dem Weg der Entäußerung den hohen Stand der Vollkommenheit, die Einigung mit Gott erreicht zu haben.

In einer dunklen Nacht,
entflammt von Liebessehnen,
o seliges Geschick!
entfloh ich unbemerkt,
da nun mein Haus in Ruhe lag.

In Dunkelheit und ungefährdet,
auf geheimer Leiter, vermummt,
o seliges Geschick!
in Dunkelheit und im Verborgenen,
da nun mein Haus in Ruhe lag.

In der seligen Nacht,
insgeheim, so dass mich keiner sah,
und ich selber nichts gewahrte,
ohne anderes Licht und Geleit
außer dem , das in meinem Herzen brannte.

Dieses führte mich
sicherer als das Mittagslicht
dorthin, wo meiner harrte
der mir wohl Vertraute,
an den Ort, wo niemand sonst sich zeigte.

O Nacht, die mich lenkte!
O Nacht, holder als das Frührot!
O Nacht, die den Geliebten
mit der Geliebten vereinte,
die Geliebte in den Geliebten wandelte.

An meiner blühenden Brust,
die für ihn sich ganz bewahrte,
dort schlief er ein,
und ich schenkte mich ihm,
und die Zedern fächelten im Wind.

Der Windhauch von der Zinne
- während ich sein Haar ausbreitete -
mit seiner leichten Hand
verwundete er meinen Hals
und machte alle meine Sinne schwinden.

So blieb ich und vergaß mich selbst,
neigte das Antlitz über den Geliebten.
Alles erlosch, ich gab mich auf,
ließ meine Sorgen fahren,
vergessen unter Lilien.

Aus: Johannes vom Kreuz. Die Dunkle Nacht und die Gedichte. aaO. S. 165-167.

Wie beseligend wird einst
Deine Gegenwart für mich sein,
der du das höchste Gut bist!
Schweigend und mit entblößten Füßen
Will ich mich dir nahen,
damit du mich würdig findest,
mich dir anzuvermählen.
Nicht eher werde ich Ruhe finden,
bis ich dieses Glück erlangt habe
in deinen Armen.
Und ich bitte dich, Herr,
lass mich nie allein,
wenn ich mich sammeln will,
denn ich selbst zerstreue nur meine Seele.

Aus: Johannes vom Kreuz, Ihn will ich suchen, den meine Seele liebt. Gebete und Betrachtungen. Hrsg. Vom Karmel in Mailand. Neue Stadt Verlag München 1987. S. 108.